Dalai Lama

Die Quelle des Glücks ist das gute Herz

Mit Fotografien von
Florian Werner

HERDER

FREIBURG · BASEL · WIEN

Ausgewählt und herausgegeben von Ludger Hohn-Morisch

Alle Rechte vorbehalten – Printed in Germany

© Verlag Herder Freiburg im Breisgau 2004

www.herder.de

Gesamtgestaltung: Hartmann und Kampa, München

Satz: Uwe Stohrer, Freiburg i. Br.

Herstellung: fgb . freiburger graphische betriebe 2004

www.fgb.de

Gedruckt auf umweltfreundlichem,

chlorfrei gebleichtem Papier

ISBN 3-451-28437-5

INHALT

Zum Geleit

Ich habe diese Worte geschrieben, weil eine Empfindung mich ständig begleitet. Immer, wenn ich einem Menschen begegne, und sei er auch ein „Fremder", ist es die gleiche Empfindung: „Wieder begegne ich hier einem Angehörigen unserer menschlichen Familie." Meine Liebe zu allen Lebewesen, meine Hochachtung vor ihnen sind stetig gewachsen. Und ich fühle den Wunsch in mir, etwas zu tun für den Frieden in der Welt.

Ich bete, dass die Menschen dieser Erde freundlicher miteinander umgehen mögen, voll gegenseitiger Liebe und Anteilnahme. Und ich richte diese Worte an alle, die das Leiden in der Welt verringern wollen und deren tiefster Wunsch es ist, ein Glück zu finden, das von Dauer ist.

Schönes, schweres Menschsein

In unserem Grundwesen unterscheiden wir Menschen uns kaum voneinander;
denn schließlich sind wir alle Teil desselben Planeten. Alle wollen aus derselben
angeborenen Natur heraus Glück erstreben und Leiden vermeiden.
Wir alle haben eine gesunde und gute Selbsteinstellung und wünschen das Gute.
Nun, in Hinblick auf materielle Entwicklungen haben wir schon sehr viel erreicht,
und jedes Volk auf diesem Planeten bemüht sich um bessere Möglichkeiten und
Bedingungen und versucht, für sich eine wohlhabende und erfolgreiche
Gesellschaft aufzubauen.
Irgendwann können wir dieses Ziel vielleicht verwirklichen.
Jedoch ist für menschliches Glück materieller Fortschritt alleine nicht ausschlag-
gebend. Der Grund dafür ist recht einfach: Wir Menschen sind nicht das Produkt
von Maschinen; nein, wir sind mehr. Und deshalb benötigen wir für unser Glück
mehr als nur äußere Gegenstände.

Zuneigung und Liebe

Das Wichtigste im Leben ist menschliche Zuneigung und Liebe. Ohne diese können wir echtes menschliches Glück nicht gewinnen. Wenn wir also ein glücklicheres Leben, eine glücklichere Familie, glücklichere Nachbarn oder ein glücklicheres Volk wollen, liegt der Schlüssel dafür in den inneren Qualitäten.

Selbst wenn alle Menschen, die diesen Planten bevölkern, Millionäre werden würden, gäbe es ohne innere Entwicklungen keinen Frieden oder andauerndes Glück. Einige Menschen mögen durchaus sehr reich sein, aber dennoch sehen wir sehr oft, dass sie ganz und gar nicht glücklich sind.

Zuneigung, Liebe und Mitgefühl sind einige der wichtigsten Elemente in unserem Leben. Seelischer Frieden ist entscheidend für eine gute Gesundheit.

Der springende Punkt

Es gab einmal zwei Mönche – einen Lehrer und seinen Schüler.
Eines Tages sagte der Lehrer, um seinen Schüler anzuspornen:
„Irgendwann werden wir ganz bestimmt einen Ausflug machen."
Ein paar Tage später hatte er das vergessen. Doch der Schüler erinnerte den
Lehrer an sein Versprechen. Der Lehrer antwortete, er sei viel zu beschäftigt
und könne bis auf weiteres keinen Ausflug machen.
Viel Zeit verging; kein Ausflug. Wieder erinnerte der Schüler den Lehrer:
„Wann machen wir endlich diesen berühmten Ausflug?"
Der Lehrer sagte: „Jetzt nicht. Ich bin viel zu sehr beschäftigt."
So geschah es, dass der Schüler eines Tages sah, wie man einen Leichnam
forttrug. Und der Lehrer fragte ihn: „Was ist passiert?"
Der Schüler antwortete: „Nun, dieser arme Mensch macht einen Ausflug!"
Der springende Punkt ist: Solange Sie sich für das, was Ihnen in Ihrem
Leben wichtig ist, keine Zeit freihalten, wird es immer andere
Verpflichtungen geben, die auf Sie warten

Kein Grund zum Unglücklichsein

Was uns in erster Linie stört und missmutig macht, ist die Tatsache, dass unsere Wünsche sich nicht erfüllen. Sich darüber jedoch wiederholt zu ärgern, trägt ganz und gar nicht dazu bei, diese Wünsche doch noch zu verwirklichen, so dass wir weder unserem ursprünglichen Ziel näherkommen noch unsere Lebensfreude wiedergewinnen.

Dieser Zustand der Desorientierung, aus dem Zorn erwachsen kann, ist sehr gefährlich. Wir sollten niemals zulassen, dass die glückliche Grundstimmung unseres Geistes gestört oder gar zerstört wird.

Ob wir zum jetzigen Zeitpunkt leiden oder in der Vergangenheit gelitten haben, zu keinem Zeitpunkt sollten wir einen Grund haben, unglücklich zu sein.

Harmonie und Glück bewirken

Man mag sich fragen, was es eigentlich bedeutet, ein sinnerfülltes Leben zu führen. Ob wir gläubige Menschen sind oder nicht, zunächst einmal sind wir alle Menschen, die ihr Leben auf unterschiedliche Weise leben. Wenn wir uns fragen, worin der tiefere Zweck unseres Lebens liegt, werden wir unschwer erkennen, dass sein Hauptsinn darin besteht, die von Natur gegebene Ordnung nicht zu zerstören und keine Unruhe in den Lebenslauf zu bringen, sondern durch eine entsprechende Lebensführung Harmonie und Glück zu bewirken. Wir sind soziale Wesen. Unser Leben ist nicht ausschließlich von einer Ursache oder Bedingung abhängig, sondern von mehreren. Wenn es uns gelingt, unser Leben als ein facettenreiches, von vielen Ursachen und Bedingungen geprägtes Leben zu begreifen, dann haben wir mit dieser Erkenntnis einen guten Ausgangspunkt, um unser Leben sinnvoll zu führen.

Negative Emotionen ...

Die negativen Emotionen wie Hass, Zorn und Begierde
sind unsere wahren Feinde, die unser geistiges Glück
stören und zerstören und in der Gesellschaft Unruhe
schaffen. Deshalb müssen sie völlig beseitigt werden;
sie haben nicht das geringste Potential, Glück zu erzeugen.

Echtes, tiefes Mitgefühl

Im Allgemeinen gehen wir beim Mitgefühl als einem Gefühl von Nähe zu unserem Freundeskreis aus, aber eigentlich ist diese Sichtweise durch unsere geistige Projektion einseitig gefärbt. Solange der „vertraute" Mensch ein naher Freund oder eine enge Freundin ist, haben wir ihm oder ihr gegenüber eine positive Einstellung. Sobald sich jedoch Gesinnung und Gefühle ändern, verschwindet auch dieses Mitgefühl bzw. Mitfühlen. Im Grunde handelt es sich also nicht um aufrichtiges Mitgefühl, sondern um eine von sich leicht ändernden Emotionen abhängige Bindung. Echtes und tiefes Mitgefühl bedeutet, dass wir uns auf eine soziale menschliche Situation einlassen und uns mit ihr und den darin beteiligten Personen auseinander setzen, gleichgültig ob diese uns nahe stehen oder nicht. Unverändert bleibt nämlich die Tatsache bestehen [...]: Sie besitzt dasselbe Anrecht darauf wie ich, Leiden zu überwinden und glücklich werden zu können.

Von Tagesanbruch an ...

Mitgefühl ist gleichsam der Weg oder die Methode und Weisheit,
der philosophische Unterbau bei dem Versuch, Wirklichkeit zu verstehen.
Die Verbindung von Weisheit und richtiger Motivation ist der wahre Weg, unsere
geistige Haltung zu ändern. Dabei lassen sich Gefühle wie Leidenschaft anfangs
kaum vermeiden, da sie Teile unserer Charakterzüge aus der Vergangenheit sind.
Wenn man diese Gefühle genauer untersucht und positive Gegenkräfte
mobilisiert, werden sich die noch bestehenden negativen Gefühle auflösen. [...]

Wenn man schon von Tagesanbruch an diese positive Einstellung entwickelt, schafft man mehr positive Gefühle und Stimmungen, mit denen man dann den ganzen Tag über die am Morgen gewonnene positive Einstellung beibehält. Damit hat man zumindest einen Tag gewonnen, der, wenn auch noch nicht unbedingt perfekt, so doch weniger negativ ist. Am nächsten Tag sollte man ähnlich verfahren, indem man sich sagt: „Ich möchte diesen Tag zu einem positiven, sinnvollen Tag machen." Damit fährt man dann die folgenden Wochen fort; zu Beginn lässt sich nicht alles steuern und erreichen, aber im Laufe der Zeit und mit beständigem Eifer wird man schließlich irgend- wann ein neues starkes Gefühl von Hoffnung spüren. Jedem ist dies möglich.

Wege zur Herzensgüte

Die heutige Welt wird zusehends materialistischer.
Die Menschheit nähert sich, getrieben von dem un-
ersättlichen Verlangen nach Macht und ausgedehntem
Besitz, dem Zenit äußerer Entwicklungsmöglichkeiten.
In diesem vergeblichen Streben nach äußerer Vervoll-
kommnung der Welt mit ihren relativen Werten ent-
fernt man sich jedoch immer weiter von innerem
Frieden und geistigem Glück. Wir alle können dies
bezeugen. Denn wir alle werden in dieser furchtbaren
Zeit der Massenvernichtungswaffen von unaufhör-
lichen Ängsten geplagt. Es wird immer dringlicher,
dass wir das geistige und spirituelle Leben als die
eigentliche stabile Grundlage für das Erlangen von
wahrhaftem Glück und Frieden anerkennen.

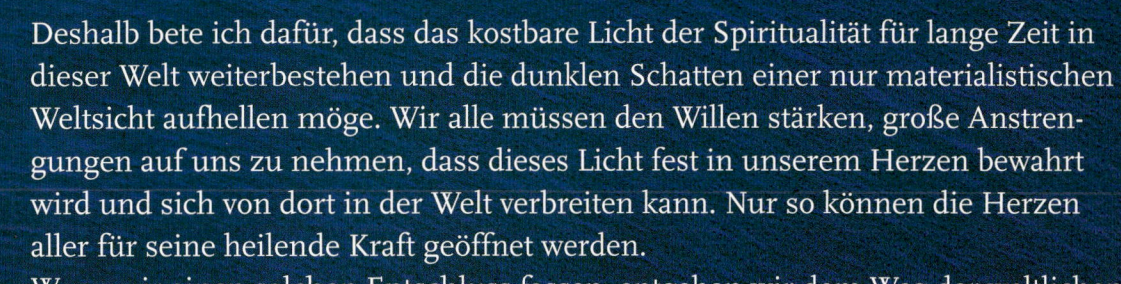

Deshalb bete ich dafür, dass das kostbare Licht der Spiritualität für lange Zeit in dieser Welt weiterbestehen und die dunklen Schatten einer nur materialistischen Weltsicht aufhellen möge. Wir alle müssen den Willen stärken, große Anstrengungen auf uns zu nehmen, dass dieses Licht fest in unserem Herzen bewahrt wird und sich von dort in der Welt verbreiten kann. Nur so können die Herzen aller für seine heilende Kraft geöffnet werden.

Wenn wir einen solchen Entschluss fassen, entgehen wir dem Weg der weltlichen Macht, da die heilende Kraft des Geistes auf natürliche Weise dem Weg des Geistigen nachfolgt. Diese heilende Kraft steckt nicht in den Steinen schöner Gebäude, nicht im Gold von Statuen, nicht in der Seide, aus der schöne Kleider geschneidert werden, und auch nicht in dem Papier der Heiligen Schriften, sondern sie ist in der unaussprechlichen Essenz des Geistes und der Herzensgüte der Menschen zu finden.

Tempel der Herzen

Einige von Ihnen haben mich möglicherweise schon einmal erwähnen hören, dass ich beim Besuch des großen Klosters Montserrat in Spanien einem Benediktiner- mönch begegnet bin. Er kam eigens, um mich zu sehen – und sein Englisch war noch gebrochener als meines; so hatte ich mehr Mut, mit ihm zu sprechen. Nach dem Mittagessen verbrachten wir einige Zeit unter vier Augen, und ich erfuhr, dass dieser Mönch einige Jahre in den Felsen gleich hinter dem Kloster gelebt hatte. Ich fragte ihn, in welcher Art von Kontemplation er sich in diesen Jahren der Einsamkeit geübt habe. Seine Antwort war einfach: „Liebe, Liebe, Liebe." Wie wundervoll!
Ich nehme an, manchmal wird er auch geschlafen haben. Doch ansonsten ver- brachte er all diese Jahre einfach mit Meditationen über die Liebe. Und er hat nicht einfach nur über das Wort meditiert. Als ich ihm in die Augen blickte, konnte ich deutlich sehen, dass er von tiefer Spiritualität und Liebe erfüllt war – etwas, das ich auch bei meinen Begegnungen mit Thomas Merton gesehen hatte.
[...] Ich glaube, der Zweck all der großen religiösen Überlieferungen liegt nicht darin, draußen große Tempel zu errichten, sondern drinnen, in unseren Herzen, Tempel der Güte und des Mitgefühls zu erschaffen. Jede große Religion hat das Potential dazu.

Mein gutes Herz ...

Überall auf der Welt gibt es Menschen, die von jedermann geachtet und
geschätzt werden, ganz gleich, ob sie einer Religion angehören oder nicht.
Was haben sie gemeinsam? Herzensgüte, Altruismus, den uneingeschränkten
Wunsch, die Leiden anderer zu lindern. Und es gibt Menschen, deren Namen allein
uns Schrecken einflößen, weil sie entsetzliches Leid über die Menschheit gebracht
haben. Welches auch immer ihre Motivation war – blind vor Hass, Hochmut und
Egoismus haben sie ganze Völker terrorisiert und gepeinigt.
Zuneigung oder Abneigung, die wir in anderen hervorrufen, stehen also im Zu-
sammenhang mit unserer Gut- beziehungsweise Böswilligkeit.
Was mich persönlich betrifft – wenn ich mich frage, warum alle möglichen Menschen
mir wohlgesonnen sind, finde ich nicht, dass ich irgendwelche außergewöhnlichen
Eigenschaften besitze. Ich lege lediglich jedem eine liebevolle Einstellung gegenüber
anderen ans Herz und bemühe mich selbst, diese zu entwickeln.
Es passiert mir manchmal, dass ich schlecht gelaunt bin; aber ich glaube ehrlich sagen
zu können, dass ich niemals die Absicht habe, jemandem Schaden zuzufügen.
Ich gebe nicht vor, die geringste der Eigenschaften zu besitzen,
die mit dem Erleuchtungsgeist einhergehen, aber ich strebe mit ganzem Herzen danach,
sie zu verwirklichen. Ich empfinde tiefe Freude, wenn ich an den unschätzbaren Wert
des Erleuchtungsgeistes denke und an das Gute, das er hervorbringt. Das ist alles.
Ich versuche aufrichtig, mich dem so gut wie möglich anzunähern und
andere wichtiger zu nehmen als mich selbst.
Ich glaube, die Menschen mögen mich einfach wegen meines guten Herzens.

Klauen & Zähne ...

Wenn die menschliche Natur ihrem Grundwesen nach aggressiv wäre, würden wir mit Tierklauen und großen Zähnen geboren – aber unsere „Klauen" und „Zähne" sind sehr klein, sehr hübsch, sehr schwach! Das heißt also, dass wir nicht gut dafür gebaut, geschweige denn ausgerüstet sind, um aggressive Lebewesen zu sein. Selbst unser Mund ist ziemlich klein. Daher meine ich, dass die grundlegende Natur des Menschen eigentlich sanftmütig ist.

Quelle erfolgreichen Lebens

Ich habe für mich herausgefunden, dass die höchste innere Ruhe sich aus der Entwicklung von Liebe und Mitgefühl ergibt. Je mehr wir uns um das Glück anderer sorgen und kümmern, umso größer wird unser eigenes Wohlbefinden. Ein warmes Gefühl der Nähe zu anderen versetzt Geist und Seele in Ruhe und Ausgeglichenheit. Dies ist die entscheidende Quelle für ein erfolgreiches Leben.

Der Weg der Liebe

Oft heißt es, dass ich für den Frieden arbeite. Einerseits beschämt mich das, und andererseits muss ich darüber lachen. Ich habe gar nicht den Eindruck, irgend etwas für den Weltfrieden getan zu haben. Meine Übung ist der Weg der Liebe, des Mitgefühls, der Freude und der Unparteilichkeit.
Darüber hinaus habe ich nichts Besonderes erreicht. Ich bin ein Schüler des Buddha, und der Buddha hat gelehrt, dass Geduld das beste Mittel zur Überwindung des Leidens ist. [...]
Ich bin ein buddhistischer Mönch, und dies sind die Lehren, die ich in die Praxis umzusetzen versuche. Die Leute denken, dass das außergewöhnlich ist, und halten mich für eine wichtige Persönlichkeit, ein Symbol des Friedens in der Welt.
Das ist mir peinlich ...
Das gute Herz ist eine Quelle, der unermesslich viel Gutes entspringt.
Wir alle können es entwickeln, es hängt ganz von unserer Motivation und unserer Entschlossenheit ab. [...]
Wenn wir erkennen, wie viel Gutes wir durch andere Wesen erfahren haben, werden wir Dankbarkeit und Liebe empfinden. Diese verwandeln sich in Mitgefühl, wenn wir sie dem Zugriff des Leidens ausgesetzt sehen. Es ist das Mitgefühl, das uns Kraft gibt, die Verantwortung für ihre Befreiung zu übernehmen.

Menschen und Tiere ...

Ich glaube und meine, dass sowohl Menschen und Tiere eine ihnen angebotene Wertschätzung für Wahrheit haben. Behandeln wir einen Hund oder eine Katze offen und ehrlich, werden sie dies zu schätzen wissen. Hintergehen wir sie jedoch, d. h. begegnen wir ihnen nicht vertrauensvoll, dann erkennen sie dies und werden ihre Ablehnung unseres Verhaltens auf ihre Weise zeigen. Wenn ein Mensch mit einem anderen offen und aufrichtig umgeht, wird dies folglich auch geschätzt.

Führen wir unsere Mitmenschen jedoch hinters Licht, werden sie dementsprechend reagieren, wobei es dabei keine Rolle spielt, ob sie reich oder arm, gebildet oder ungebildet, gewitzt oder einfältig, gläubig oder ungläubig sind. Demnach gibt es Mitgefühl, Aufrichtigkeit und Ehrlichkeit dann, wenn wir Menschen im Grunde genommen nicht hintergehen wollen und weil wir alle – ungeachtet aller Unterschiede – gleicherweise berechtigt sind, glücklich zu sein.

Jede Art von Leid überwinden

Von Natur aus sucht jeder von uns Glück und möchte kein Leid erfahren. Wir haben jedes Recht, Glück zu erlangen – ein besseres, dauerhaftes Glück, wenn die Möglichkeit besteht, es zu erreichen. Genauso haben wir jedes Recht, jede Art von Leid zu überwinden.

In der gegenwärtigen Zeit – und das Gleiche gilt, wie ich glaube, auch für die Vergangenheit – kann man zwei Grundanschauungen unterscheiden. Eine Gruppe von Menschen glaubt nur an die Materie und an nichts weiter, das darüber hinausginge. Diese Menschen nennen wir gewöhnlich Atheisten – sie sind extrem materialistisch und atheistisch eingestellt.

Auf der anderen Seite gibt es eine Gruppe von Menschen, die glauben, dass es noch etwas gibt, das über den materiellen Dingen steht. In vielen Fällen stützt sich ihre Überzeugung hauptsächlich auf Glauben; sie haben es schwer, ihre Anschauungen mit logischen Begründungen zu beweisen. Sie folgen ihren Anschauungen und benutzen ihre Methoden, weil sie der Ansicht sind, dass sie auf diesem Weg das größte Glück finden. Auch das ist gut, es ist ihr eigenes Recht.

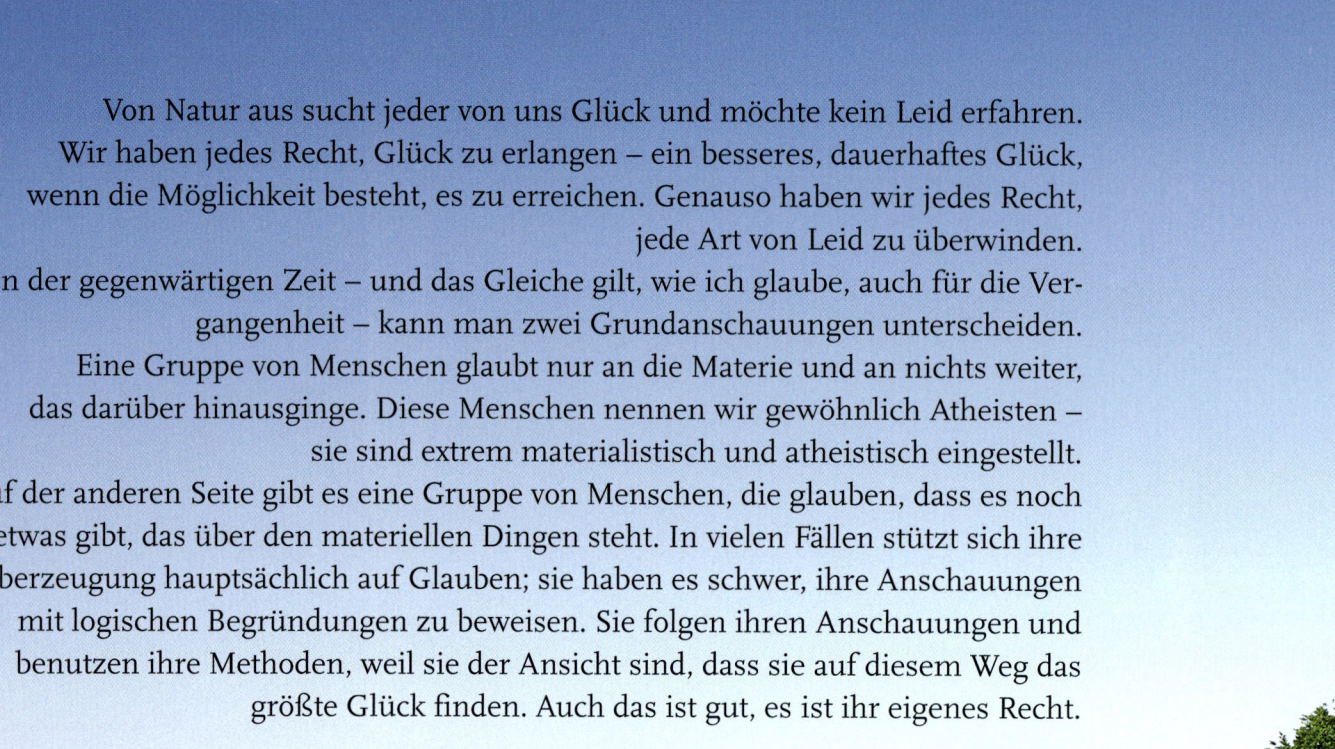

Der Geist der Harmonie

Wenn wir uns während einer Meditation langsam in uns selbst versenken, erfahren wir, dass ein Gefühl von Frieden und Ruhe in uns schon existiert. Wir alle sehnen uns nach Frieden, auch wenn er nicht zu erkennen und versteckt ist oder für die Zukunft unmöglich zu sein scheint. Betrachten wir die menschliche Natur sorgsam genug, so sehen wir, dass der Mensch im Grunde gut und hilfreich ist. Und ich habe den Eindruck, dass der Geist der Harmonie und der Wunsch nach Einigkeit größer und größer und unser Bedürfnis, miteinander friedlich und in Ruhe zusammen zu leben, immer stärker wird; dieser große Wunsch verbreitet sich immer mehr.

Was unser Glück ausmacht

Auf der allgemeinen, menschlichen Ebene machen Gesundheit, materieller Wohlstand und gute Freunde unser Glück aus. Was die Gesundheit betrifft, so sind negative Emotionen ihr sehr abträglich. Da uns meist viel daran liegt, unsere Gesundheit zu erhalten, kann uns die richtige geistige Einstellung hier eine Hilfe sein. Unser Geist sollte immer in Gelassenheit verweilen, auch wenn man von Angst überfallen wird, wie das zwangsläufig im Leben vorkommt. Diese Verstörungen sind kurzlebig, wie Wellen, die sich aus dem Wasser erheben und wieder zurücksinken.

Deshalb sollte Ihre geistige Grundeinstellung davon nicht berührt werden.
Wenn Sie gelassen bleiben, bleibt auch Ihr Blutdruck normal, was für Ihre Gesundheit
förderlich ist. Ich habe keine wissenschaftliche Erklärung dafür, ich weiß nur, dass
meine eigene körperliche Verfassung sich mit zunehmendem Alter verbessert, obwohl
ich immer die gleiche Arznei einnehme, den gleichen Arzt habe, das gleiche Essen.
Es muss also an meiner geistigen Einstellung liegen. Manchmal sagt man mir:
Sie haben sicherlich ein tibetisches Spezialmittel. Nein, habe ich nicht!

Same der Menschlichkeit

Wenn ein Mensch niemals Liebe von seinen Mitmenschen erfahren hat, ist dies sehr traurig. Wenn allerdings dieser Mensch auch nur einem Menschen begegnet, der bedingungslose Liebe – einfach Annahme der Person und Mitgefühl – zeigt, und wenn dieser Mensch weiß und fühlt, dass diese Zuneigung und Liebe des anderen Menschen ihm zugedacht ist, dann hat dies zweifellos eine Wirkung, die jeder Mensch wertschätzen wird. Weil auch in diesem betreffenden Menschen ein Same der Menschlichkeit ist, wird die von einem anderen Menschen erfahrene Liebe den Samen öffnen, aufgehen und reifen lassen.

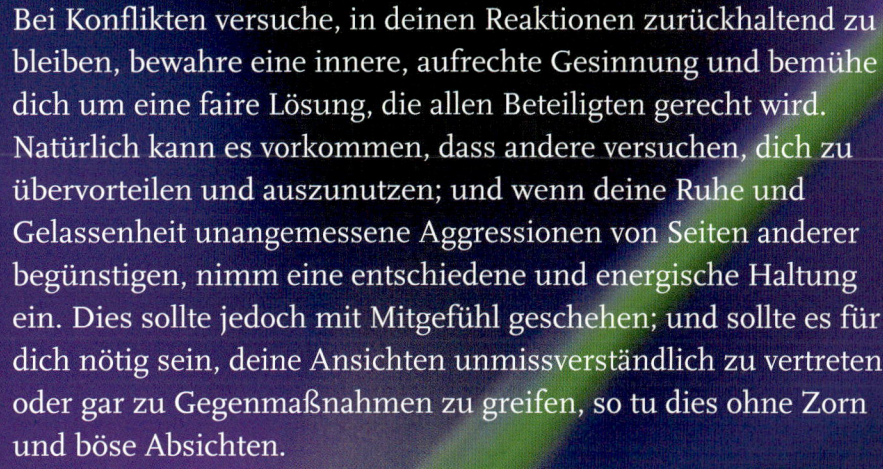

Ohne Zorn ...

Bei Konflikten versuche, in deinen Reaktionen zurückhaltend zu bleiben, bewahre eine innere, aufrechte Gesinnung und bemühe dich um eine faire Lösung, die allen Beteiligten gerecht wird. Natürlich kann es vorkommen, dass andere versuchen, dich zu übervorteilen und auszunutzen; und wenn deine Ruhe und Gelassenheit unangemessene Aggressionen von Seiten anderer begünstigen, nimm eine entschiedene und energische Haltung ein. Dies sollte jedoch mit Mitgefühl geschehen; und sollte es für dich nötig sein, deine Ansichten unmissverständlich zu vertreten oder gar zu Gegenmaßnahmen zu greifen, so tu dies ohne Zorn und böse Absichten.

Von Mensch zu Mensch

Wie ich schon sagte, war ich in meiner Jugend ziemlich jähzornig.
Ich entschuldigte das manchmal damit, dass auch mein Vater jähzornig war, so,
als ob es etwas Erbliches sei. Heute aber habe ich keinerlei Hassgefühle mehr,
selbst nicht gegen jene Chinesen, die den Tibetern Elend und Leid verursachen.
Einige meiner engen Freunde, die den Dharma praktizieren, leiden unter zu hohem
Blutdruck und haben trotzdem keinerlei gesundheitliche Krisen, sie fühlen sich
nie erschöpft. Andere Freunde leben in großem materiellen Wohlstand,
beginnen aber nach dem Austausch der ersten Begrüßungsworte gleich zu klagen
und zu jammern. Trotz ihrer angenehmen Lebensumstände kennt der Geist dieser
Menschen keine Ruhe und keinen Frieden, und folglich machen sie sich ständig
Sorgen über ihre Verdauung, über ihren Schlaf – einfach über alles.

Wenn der Ärger sich gelegt hat

Ich selbst reagiere immer noch gelegentlich gereizt und wütend und verwende harsche Worte gegen meine Mitmenschen. Einige Augenblicke später, wenn der Ärger sich gelegt hat, fühle ich mich beschämt und verlegen; die bösen Worte sind jedoch schon gesprochen und lassen sich nicht wieder zurücknehmen. Auch wenn, nachdem die Worte gesprochen sind, die Stimme verstummt, so wirkt der Inhalt der Worte noch weiter. Daraus lässt sich doch schließen, dass das Mindeste, was ich tun kann, darin besteht, zu dem Menschen zu gehen, den ich verletzt habe, und mich bei ihm zu entschuldigen.

Die innere Einstellung

Geistige Ruhe und Gelassenheit sind eine wichtige Bedingung für gute Gesundheit. Hierfür brauchen Sie keinen Arzt, schauen Sie in Ihr Inneres, versuchen Sie, etwas von Ihrem Potential zu nutzen. Dies kommt außerdem billiger!

Der zweite Umstand, der zu unserem Glück beiträgt, ist materieller Wohlstand und Komfort. Ob wir aus seiner Nutzung Befriedigung ziehen oder nicht, hängt wiederum von unserer geistigen Einstellung ab. Manchmal, wenn ich früh aufwache und auf meine Uhr blicke, fühle ich mich bedrückt. An anderen Tagen ist meine Stimmung angenehm und friedlich, vielleicht aufgrund von Vorkommnissen am Vortag. Wenn ich dann auf meine Uhr blicke, scheint sie mir wunderschön.

Die Uhr ist doch dieselbe, nicht wahr? Es ist meine geistige Einstellung, die den Unterschied macht. [...]

Als ich jung war, versuchte ich manchmal, Uhren zu reparieren, was mir oft misslang. Es konnte vorkommen, dass ich dann die Geduld verlor und der Uhr einen Hieb versetzte. Während dieses Augenblicks wurde meine gesamte Einstellung durch den Hass verändert, und danach tat mir mein Verhalten sehr leid. Ich wollte die Uhr doch reparieren, warum sie also auf den Tisch hauen?

Auch hier können sie wieder sehen, dass die geistige Einstellung entscheidend ist, um unsere materiellen Gegebenheiten zu unserer Befriedigung nutzen zu können.

Sauberes Wasser und ein Dach ...

Das Glück hat viele Ebenen. Ich stelle mir das Glück als
ein harmonisches Zusammenspiel von innerem Frieden
im Herzen des einzelnen Menschen und von äußerem
Weltfrieden unter den Völkern vor. Und ich wünsche mir
möglichst großen Wohlstand für alle Erdbewohner.
Armut und Elend bringen kein glückliches Leben.
Man muss seine Grundbedürfnisse befriedigen können,
man braucht zu essen, sauberes Wasser und ein Dach
über dem Kopf. Das gilt für alle Kulturen.

Mancher meint, dass Menschen, die in Saus und Braus leben und ohne große Anstrengungen ihre Tage genießen, ein wirklich glückliches Leben führen. Aber Reichtum ist keine Garantie für das Glück. Oft wachsen mit dem Geld auch die Sorgen. je mehr man besitzt, desto mehr kann man auch verlieren. Kaum hat man etwas erworben, schon ängstigt man sich vor dem Verlust. Wer sich aus purer Habgier etwas kauft, wird bald merken, dass es andere gibt, die noch mehr besitzen. Man kommt auf diesem Weg nie zur Ruhe.

Es gibt zwei Arten, Glück und Leid zu erfahren, auf der geistigen und auf der körperlichen Ebene. Ich glaube, dass die geistige Ebene ausschlaggebend ist. Daher scheint es mir so wichtig zu sein, dass wir unseren Geist üben. So können wir dem Unglück mit größerer Gelassenheit begegnen und für das Glück empfänglicher werden.

43

Kinder brauchen Liebe

Kinder, die in der liebenden Atmosphäre eines Elternhauses aufwachsen,
werden sich eher seelisch gesund entwickeln. Sie werden auch in der Schule besser
lernen und erfolgreicher sein. Doch der liebevolle Umgang mit Kindern und
Jugendlichen soll sich nicht nur auf das Elternhaus beschränken.
Auch in der Schule macht es einen großen Unterschied, wie Lehrer ihren Schülern
begegnen. Wenn sie kalt, abweisend und ungerecht zu den Schülern sind,
werden die Schüler weniger Gefallen am Wissen bestimmter Fachgebiete haben.
Zeigen sie hingegen Zuneigung und Mitgefühl und Verständnis,
dann werden die Schüler dem Unterricht mit einem viel größeren Interesse folgen.
Abneigung und Ungeduld motivieren sie kaum zu guten Leistungen.

Später, wenn sie eine Familie gründen, können sie auch ihren Kindern ein glückliches Elternhaus geben. Das ist wie eine Kette, die sich von Generation zu Generation fortsetzt. Jemand, der ohne Zuneigung aufwachsen muss und dadurch einen Schaden erleidet, befindet sich in einer ganz anderen Lage. Wenn man keine Liebe erfahren hat, weiß man auch nicht, was das ist, und die Beziehungen zu anderen werden oft schwierig. Das könnte als Grundlage für eine allgemeine Ethik unabhängig von Religionen betrachtet werden: Verstehen, Erbarmen und Zuneigung, die man selbst erfahren hat, an andere weiterzugeben. Die Liebe in der ersten Zeit des menschlichen Lebens ist also eine der wichtigsten Voraussetzungen für die ausgewogene Entwicklung der menschlichen Natur. Fehlt sie, dann fühlen sich die Menschen zeit ihres Lebens verunsichert und werden von allen möglichen Ängsten geplagt.

Liebe – die Quelle des Lebens

Eltern müssen ihr Kind nicht nur äußerlich, sondern auch innerlich wärmen. Sie müssen ihrem Kind eine Atmosphäre der Gebor-
genheit schaffen, in der es sich geliebt und angenommen fühlt.
Es gibt viele ungewollte Kinder, um die sich die Eltern kaum
scheren. Das kann dann dazu führen, dass sie später, wenn sie
Jugendliche geworden sind, nicht mehr weiterleben wollen.
Sie sind so verzweifelt, dass sie ihrem Leben selbst ein Ende
setzen, weil sie im Elternhaus nie erfahren durften, wie wertvoll
und wie sinnvoll ihr Leben, menschliches Leben überhaupt ist.

Die hebende Hinwendung für ein neugeborenes Kind ist die Voraussetzung, dass es sich geistig und körperlich richtig entwickeln kann. Das gilt bereits für die Zeit, in der ein Säugling die Bedeutung der Worte noch nicht verstehen kann. [...]
Da wirkt sich also die Liebkosung eines Babys günstig auf seine spätere geistige Entwicklung aus. Schon ein Kind spürt, wie wichtig die Liebe für den Menschen ist. Ob man Mitgefühl und liebende Hinwendung erfährt oder nicht, das merkt man bereits am Anfang seines Lebens. Liebe ist die Quelle unseres Lebens. Sie ist für den Menschen so wichtig wie das Wasser für den Fisch.

Kind und Mutter

Nach unserer Geburt trinken wir als erstes Milch an der Mutterbrust.
Das Kind weiß wohl nichts von Mitleid und Liebe, doch hat es das natürliche Gefühl
der innigen Verbundenheit mit dem Objekt, das ihm Milch spendet.
Wenn die Mutter zornig oder missgelaunt ist, kann es sein, dass die Milch nicht
richtig fließt. Dies zeigt, dass vom ersten Tag unseres Menschendaseins an
die Wirkung des Mitgefühls ganz entscheidend ist.
Wenn in unserem Alltagsleben unerfreuliche Dinge geschehen, richten wir sofort
unsere Aufmerksamkeit auf sie, ohne auf andere, erfreuliche Dinge zu achten.
Diese empfinden wir als normal oder selbstverständlich. Das zeigt, dass Mitgefühl
und Zuwendung Teil der menschlichen Natur sind.

Ängsten ihren Schrecken nehmen

Wenn etwas Schlimmes geschieht, sagen wir meist „so ein Pech", und wenn etwas Gutes geschieht, sagen wir „welch ein Glück". In Wirklichkeit reichen aber diese beiden Worte Glück und Pech nicht aus. Es muss einen Grund geben. Es hat einen Grund, dass eine bestimmte Zeit glücklich oder unglücklich war, auch wenn wir meist nicht über „Glück" oder „Pech" hinausdenken. [...] Eine Art, mit tiefen Ängsten umzugehen, ist der Gedanke, dass die Angst das Ergebnis unserer eigenen Handlungen in der Vergangenheit ist. Wenn man Angst vor einem bestimmten Schmerz oder Leid hat, sollte man prüfen, ob man irgendetwas unternehmen kann. Wenn es möglich ist, ist es unnötig, sich Sorgen zu machen; wenn es nicht möglich ist, ist es auch unnötig, sich Sorgen zu machen. Eine andere Technik besteht darin zu prüfen, wer ängstlich ist. Untersuchen Sie die Natur Ihres Selbst. Wo ist dieses Ich? Wer ist Ich? Was ist die Natur des Ichs? Gibt es ein Ich in meinem physischen Körper und meinem Bewusstsein? Dies kann auch helfen.

Echte Freundschaft ...

Wenn man nur an sich selbst denkt und die Rechte und das Wohlergehen der anderen gering schätzt oder schlimmer noch – sie ausbeutet, wird man am Ende der Verlierer sein. Man wird niemanden haben, der sich für einen interessiert. Im Falle eines Unglücks werden andere keine Anteilnahme, sondern eher Schadenfreude empfinden. Wenn wir hingegen altruistisch und mitfühlend an die Interessen anderer denken, haben wir, wohin wir auch gehen, Freunde und erfahren im Unglück von allen Seiten Beistand und Hilfe.

Echte Freundschaft wächst auf dem Boden der Zuneigung und nicht auf der Basis von Macht oder Geld. Wenn man einflussreich und wohlhabend ist, zieht das viele Menschen an, die einem Geschenke machen und liebenswürdig lächeln. Doch diese Art von Freunden sind sofort verschwunden, wenn Ihr Einfluss und Ihr Vermögen schwinden, keiner von ihnen wird den ernstlichen Versuch machen, Ihnen dann zu helfen.

So sieht die Realität aus.

Freundschaft beruht auf Zuneigung, ohne Rücksicht auf Ihre Position. Je mehr Sie sich um das Wohl und die Rechte anderer sorgen, desto mehr sind Sie echter Freundschaft fähig. Je offener und ehrlicher Sie sind, umso mehr werden Sie letztendlich gewinnen.

Menschen, Hunde, Katzen ...

Ich bin in der westlichen Welt und Gesellschaft auf vieles gestoßen, das mich sehr beeindruckt. Besonders bewundere ich die Energie, Kreativität und den Wissensdurst in den westlichen Gesellschaften. Auf der anderen Seite entdecke ich in ihnen aber auch etliche Facetten, die mir Anlass zur Sorge geben. Menschen in der westlichen Welt neigen oft dazu, fast nur in „schwarz und weiß", „entweder – oder" zu denken und dabei die Tatsache zu verkennen, dass alles in Bezug zueinander und gegenseitiger Abhängigkeit steht. Sie verlieren den Blick für die grauen Bereiche und die Schattierungen, die zwischen zwei Ansichten liegen. Und noch etwas anderes fällt auf: Trotz so vieler Brüder und Schwestern als Nachbarn scheinen viele Menschen ihre Zuneigung und wahre Liebe nur ihren Katzen und Hunden zeigen zu können.

Meine einzige Bitte

Wo es Liebe gibt, gibt es die Hoffnung auf wahre Verbundenheit, wahre Brüderlichkeit, Gelassenheit und wahren Frieden. Hat man jedoch die Fähigkeit zur Liebe verloren und sieht man darüber hinaus seine Mitmenschen als seine Feinde an, dann kann sich daraus nur Leid und Verwirrung der Seele ergeben, gleichgültig, über wie viel Bildung, Wissen und materiellen Besitz man verfügt. Die Menschen würden sich dann auch künftig gegenseitig betrügen und übervorteilen. Jeder lebt in seinem eigenen Kreislauf des Leidens, darum ist es nutzlos, andere schlecht zu behandeln. Die Grundlage allen spirituellen Lebens ist die Liebe.
Dass man diesem Grundsatz folge, ist meine einzige Bitte.

Spiritualität – Glaube

Ich glaube, dass ein wirklich glückliches Leben mit inneren und äußeren Mitteln angestrebt werden muss, oder anders gesagt – durch materielle ebenso wie durch geistige Entwicklung. Statt geistig könnte ich auch spirituell sagen, ohne dass ich dabei notwendigerweise an irgendeine Art von religiösem Glauben denke. Wenn ich hier das Wort „spirituell" gebrauche, meine ich damit die grundlegend guten Eigenschaften der menschlichen Natur: Warmherzigkeit, Verantwortungs-gefühl, Aufrichtigkeit, Disziplin und Intelligenz, die von einer positiven Motivation gesteuert wird. All dies ist von Anfang an in uns angelegt und stellt sich nicht etwa erst im Laufe unseres Lebens ein.

Der religiöse Glaube allerdings kommt erst später. Der Glaube hat, wie ich meine, zwei verschiedene Aspekte: Zum einen wird hier von Gott, dem Allmächtigen oder – was den Buddhismus angeht – vom Nirwana und dem nächsten Leben gesprochen. Zum anderen lehren uns alle Religionen und spirituellen Überlieferungen, gute, warmherzige Menschen zu sein und damit einfach die uns angeborenen guten Eigenschaften zu fördern und zu verstärken.

Religion und tägliches Leben

In meinem täglichen Leben verbringe ich jeden Tag mindestens
fünfeinhalb Stunden mit Beten, Meditieren und Studieren.
Darüber hinaus bete ich auch, wenn es möglich ist, in verschiedenen
Momenten des Tages, etwa bei Mahlzeiten und während des Reisens.
Ich tue dies aus drei Gründen: Erstens trägt das Beten zur besseren
Erfüllung meiner täglichen Pflichten bei; zweitens hilft es mir,
die Zeit sinnvoll und produktiv zu verbringen; und drittens besänftigt es
die Furcht! Was jedoch viel wichtiger ist: Ich erkenne keinen Unterschied
zwischen dem Ausüben der Religion und dem täglichen Leben.

Gott aufwecken

Es mag scheinen, als habe Gott sich irgendwo schlafen gelegt.
Dies ist ein Scherz, denn im Buddhismus gibt es die Vorstellung
eines Schöpfergottes nicht. Sollte er aber tatsächlich eingeschlafen
sein, ist es unsere Pflicht und Aufgabe, ihn zu wecken.
Wir können Gott nicht für alle unsere Schwierigkeiten und
Probleme verantwortlich machen und auch nicht für unser
Schicksal oder unser Karma, den gesetzmäßigen Kreislauf von
Tat – Ursache – Wirkung. All dies wäre Ausdruck einer wenig
mutigen Geisteshaltung.

Freundlichkeit ist meine wahre Religion

Freundlichkeit ist meine wahre Religion. Gleichgültig, ob du studiert hast oder nicht, ob du an Gott glaubst oder Buddha oder irgendeine andere Religion oder nicht: im Leben von Tag zu Tag musst du ein freundlicher Mensch sein. Wenn du von Freundlichkeit motiviert bist, spielt es keine Rolle, ob du Arzt bist oder Rechtsanwalt, Politiker oder Beamter, Arbeiter oder Ingenieur. Was auch immer dein Beruf oder Arbeitsgebiet ist: tief im Innern bist du ein freundlicher Mensch. [...] Um das Glück und Wohl anderer zu fördern, müssen wir eine besondere altruistische Einstellung haben, mit der wir die Bürde auf uns nehmen können, anderen zu helfen. Dazu wiederum müssen wir großes Mitgefühl besitzen, uns des Leidens anderer annehmen und etwas daran verändern wollen. Um schließlich starkes Mitgefühl zu haben, brauchen wir einen ausgeprägten Liebessinn, der beim Anblick fühlender Wesen den Wunsch verspürt, dass sie glücklich sind, der sich über jeden freut und ihm wünscht, dass er glücklich sei, wie eine Mutter es ihrem geliebten Kind ersehnt. Um dir eine Vorstellung von der Nähe zu anderen und für deine Wertschätzung für sie zu machen, denke an eine Person in deinem Leben, die sehr freundlich zu dir war. Dann dehne die Dankbarkeit, die dich erfüllt, auf alle Wesen aus.

Es kommt auf jeden Einzelnen an

Jeder Einzelne von uns ist für die ganze Menschheit verantwortlich. Es ist an der Zeit, dass wir andere Menschen als
wirkliche Brüder und Schwestern betrachten, uns um ihr
Wohlergehen und darüber Gedanken machen, wie wir ihr Leid
verringern können. Auch wenn man den eigenen Vorteil
nicht ganz opfern kann, darf man nicht die Belange anderer
vergessen. Wir sollten mehr an die Zukunft und den Nutzen
der ganzen Menschheit denken.

Wenn man versucht, die eigenen selbstsüchtigen Antriebe – Zorn usw. –
zu besiegen und mehr Güte und Mitgefühl gegenüber anderen zu entwickeln, wird der eigene Nutzen größer sein, als wenn man dies nicht täte.
Ich sage daher manchmal, dass der kluge Selbstsüchtige dies zu seinem
Prinzip machen sollte. Törichte Selbstsüchtige denken immer an sich selbst,
und das Ergebnis ist negativ. Kluge Selbstsüchtige denken an andere,
helfen anderen, so gut sie können, und das Ergebnis ist, dass auch sie
einen Vorteil davon haben.

Dies ist meine schlichte Religion. Man braucht keine Tempel,
man braucht keine komplizierte Philosophie. Unser eigenes
Gehirn, unser eigenes Herz ist unser Tempel, die Philosophie
heißt Güte.

Wer ist der Verlierer?

Jeden Morgen, wenn wir aufwachen, können wir uns ermahnen, eine altruistische Haltung einzunehmen. Wenn wir eine altruistische Haltung einnehmen, bewirkt sie viel Gutes. Aber wenn wir voller Wut, Hass oder Eifersucht erwachen, werden diese negativen Emotionen bewirken, uns misstrauisch und unbehaglich zu fühlen. Wenn wir diese Dinge anhand unserer Erfahrung ernsthaft betrachten und analysieren, werden wir allmählich zu mehr Ausgeglichenheit finden und dadurch imstande sein, den Augenblick, in dem ein negatives Gefühl in uns aufkeimt, zu erkennen.

Ich praktiziere diese Dinge und weiß, dass sie helfen. Ich versuche, allen Menschen gegenüber aufrichtig zu sein, selbst den Chinesen gegenüber. Wenn ich Feindseligkeit, Zorn und Hass entwickle, wer ist dann der Leidtragende? Ich verliere meine Zufriedenheit, meinen Schlaf und meinen Appetit, aber die Chinesen stören meine Gefühle nicht im geringsten. Wenn ich aufgewühlt bin, verschlechtert sich mein körperlicher Zustand, und einige Menschen, die ich glücklich machen könnte, werden so nicht glücklich werden.

Ehrlich zu mir selbst

Wenn wir uns jeden Tag aufmerksam und aufrichtig prüfen und
unsere Gedanken sowie die Beweggründe unseres Handelns betrachten,
kann in uns die Möglichkeit für eine Wandlung zum Positiven entstehen.
Obwohl ich nicht uneingeschränkt für mich in Anspruch nehmen kann,
in den vergangenen Jahren irgendwelche bemerkenswert Fortschritte gemacht
zu haben, sind mein Wunsch und meine Entschiedenheit, mich zu ändern
und weiterzuentwickeln, ungebrochen. Vom frühen Morgen bis zum Abend
und in allen Situationen des Lebens versuche ich stets, meine Motivation zu
überprüfen und dabei ehrlich zu mir selbst zu sein. Ich empfinde dies als
eine große Hilfe in meinem eigenen Leben.

Gelassen sein

Den Menschen, der uns ärgert, sollten wir gelassen betrachten, dabei unseren eigenen Zorn bekämpfen und uns auf unsere Fähigkeit zur Mitmenschlichkeit besinnen. Wird unser Zorn jedoch übermächtig und können wir die Gegenwart des anderen, den wir zutiefst ablehnen, nicht ertragen, ist es vorteilhafter fortzugehen! Man sollte diesem Grundsatz folgen:
Es ist grundsätzlich besser, Situationen und Menschen, die in uns Gefühle des Unmuts und Ärgers aufkommen lassen, nicht auszuweichen, solange sich der eigene Zorn in Grenzen hält. Ist eine Begegnung mit diesen Menschen jedoch nicht möglich, so sollten wir alles versuchen, unseren Zorn zu mäßigen und Mitgefühl zu entwickeln.

Toleranz – das Gegenteil von Ohnmacht

Toleranz und Geduld sollten nicht als Zeichen der Schwäche interpretiert werden. Sie sind Zeichen der Stärke. Toleranz und Geduld beinhalten aber nicht, dass man alles, was geschieht, hinnimmt. Toleranz heißt, dass man keine Wut, keinen Hass entwickelt. Wenn es aber tatsächlich dazu kommt, dass uns jemand etwas antut, und wir lassen uns das gefallen, dann könnte uns diese Person noch mehr ausnutzen, was weitere negative Folgen haben könnte.

Wir müssen die Situation also analysieren. Erfordert sie Gegenmaßnahmen, dann können wir diese zielgerichtet und ohne Wut ergreifen. Wir werden sogar feststellen, dass diese Maßnahme noch zielgerichteter ist, wenn sie nicht durch Wut motiviert ist. Wenn wir die Situation in aller Ruhe und sehr eingehend analysieren, ohne wütend zu sein, und dann handeln, haben wir eine viel größere Chance, direkt ins Schwarze zu treffen.

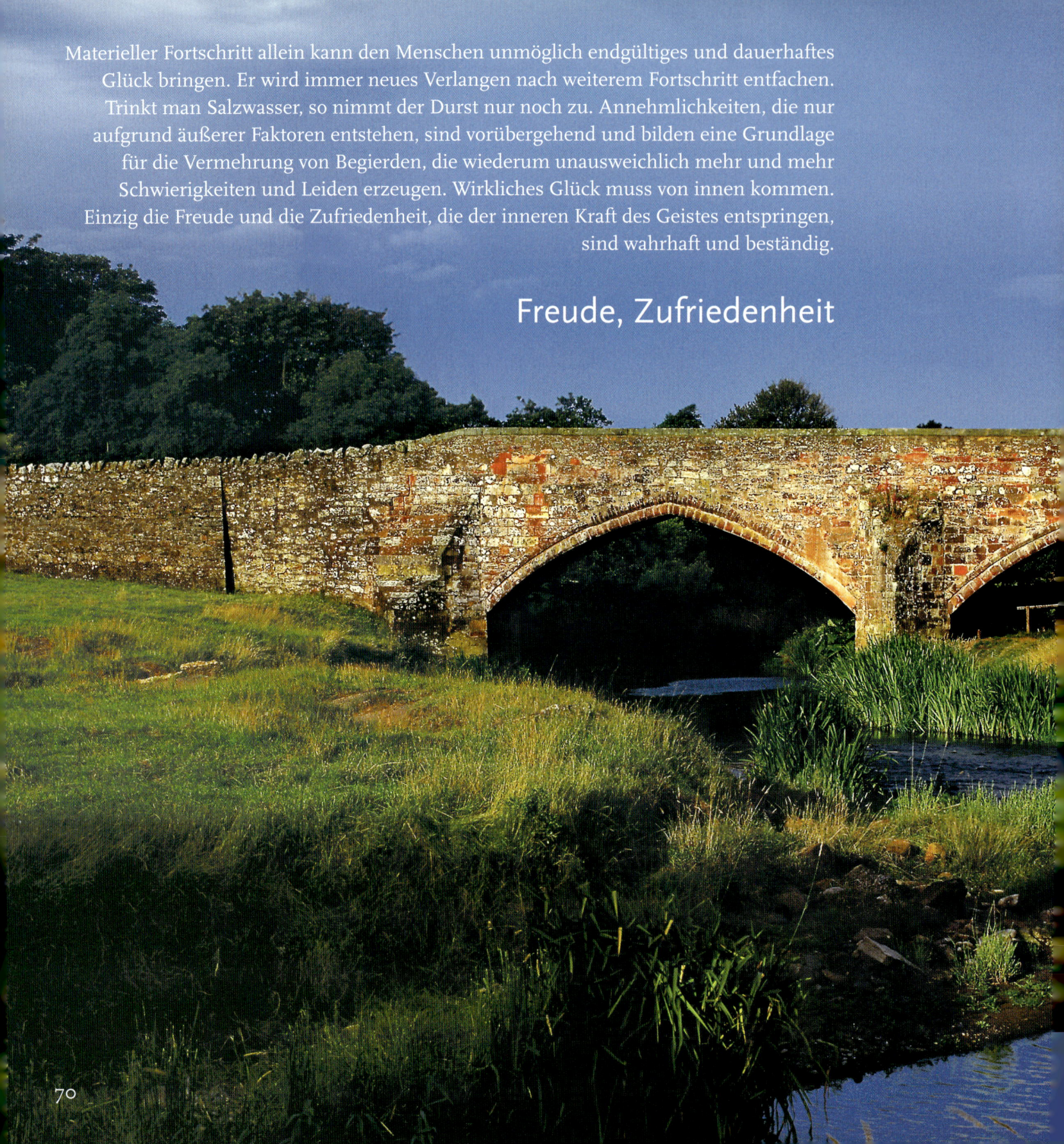

Materieller Fortschritt allein kann den Menschen unmöglich endgültiges und dauerhaftes Glück bringen. Er wird immer neues Verlangen nach weiterem Fortschritt entfachen. Trinkt man Salzwasser, so nimmt der Durst nur noch zu. Annehmlichkeiten, die nur aufgrund äußerer Faktoren entstehen, sind vorübergehend und bilden eine Grundlage für die Vermehrung von Begierden, die wiederum unausweichlich mehr und mehr Schwierigkeiten und Leiden erzeugen. Wirkliches Glück muss von innen kommen. Einzig die Freude und die Zufriedenheit, die der inneren Kraft des Geistes entspringen, sind wahrhaft und beständig.

Freude, Zufriedenheit

Wir bewegen uns auf diesem Planeten gleichsam wie Touristen. Niemand von uns wird ewig hier leben. Die längste Lebensspanne mag hundert Jahre sein. Deshalb sollten wir, solange wir hier sind, aus unserem Leben etwas Fruchtbares und Nützliches machen. Ob uns nun nur wenige oder aber hundert Jahre Leben zugestanden werden – es wäre wahrhaft bedauerlich und traurig, wenn wir die Zeit damit verbrächten, die Probleme, das Leiden und die Sorgen anderer Menschen, Tiere und der Welt insgesamt zu verschlimmern. Das Wichtigste ist, ein guter Mensch zu sein.

Ein guter Mensch sein

Der religiöse Mensch

Schauen Sie sich die Spitzenpolitiker der früheren Sowjetunion und Chinas an. Sie wollen natürlich glücklich sein, so wie wir alle! Jeder bedient sich jedoch einer bestimmten Methode – und gemäß ihrer Methode meinen diese Politiker, Religion sei Gift. In der anderen, der ersten Kategorie, haben die Menschen ebenfalls das Verlangen nach Glück. Allerdings ist Religion die Methode, derer sie sich dazu bedienen. Damit sind jetzt all diejenigen gemeint, denen es um ernsthafte Religionsausübung geht – nicht jene, die lediglich behaupten, an eine Religion zu glauben und sie auszuüben, für die jedoch die Religion in Wirklichkeit keine wichtige Rolle im Leben spielt.

Wenn wir diese beiden Kategorien vergleichen, werden wir eindeutig feststellen, dass im Leben des wahrhaft religiösen Menschen größeres Glück, größere Gelassenheit und größerer Frieden zum Vorschein kommen. Außerdem bin ich mir sicher, dass man diesen Menschen in der Gesellschaft im Allgemeinen größeres Vertrauen und größeren Respekt entgegenbringt.

Dementsprechenden Gedanken nachzugehen wird Ihnen helfen zu erkennen, welch großen Wert es für Sie hat, Religion und gewisse Formen von Spiritualität in Ihr Leben einzubeziehen. [...] Nach und nach werden Sie auf diese Weise imstande sein, den tieferen Wert von Spiritualität zu erkennen. Je größer Ihre Überzeugung ist, umso größeren Enthusiasmus werden Sie haben, umso stärkere „Fortschritte" werden Sie machen können.

Das Leben meditieren

Hat ein Mensch ein wirklich aufrichtiges Interesse an spirituellem Wachstum, so hat er oder sie gar keine andere Wahl, als regelmäßig zu meditieren. Das ist die entscheidende Einsicht! Das Gebet allein oder der bloße Wunsch wird keine wirkliche Veränderung in uns hervorrufen. Die einzige Möglichkeit, uns spirituell zu entwickeln, haben wir dadurch, dass wir uns durch die Meditation ständig darum bemühen! Natürlich ist das am Anfang nicht leicht. Sie stoßen möglicherweise auf Schwierigkeiten oder verlieren Ihren Enthusiasmus. Oder vielleicht ist der Enthusiasmus anfangs zu groß – und verringert sich möglicherweise nach ein paar Wochen oder Monaten. Was wir brauchen, ist eine beständige, ausdauernde Einstellung, die auf langfristigem Engagement beruht.

Geduld, Geduld

Schon immer haben wir uns durch endloses Leiden plagen müssen, ohne dass wir deshalb einen größeren Nutzen haben daraus ziehen können. Jetzt, da wir uns selber das Versprechen gegeben haben, gutherzig zu sein, sollten wir nicht sofort verärgert reagieren, wenn uns jemand beleidigt oder uns zu nahe tritt. Geduld zu üben ist sicher nicht leicht, denn es bedarf einer beträchtlichen geistigen Konzentration und eines starken Durchhaltevermögens. Das Ergebnis unserer Entschlossenheit wird jedoch großartig sein, und das sollte uns glücklich machen!

Seelenfrieden

Die meiste Zeit bin ich recht fröhlich. Ich selbst glaube, dass dies das Ergebnis meiner eigenen Entwicklung und Übung ist. In meinem bisherigen Leben habe ich mein Land verloren und war völlig auf das Wohlwollen anderer angewiesen.
Ich habe auch meine Mutter verloren, und die meisten meiner Lehrmeister sind verstorben, obwohl ich mich glücklich schätzen kann, inzwischen auch einige neue gefunden zu haben.
Natürlich sind dies alles tragische und tief in das Leben eingreifende Ereignisse, und ich empfinde große Trauer, wenn ich über sie nachdenke. Aber dennoch fühle ich mich von dieser Trauer nicht überwältigt oder niedergeschlagen. Alte Gesichter treten in den Hintergrund und neue, unbekannte erscheinen, aber ich erhalte mir mein Glücklichsein und meinen inneren Seelenfrieden.

Der Blick nach innen

Angenommen, Sie sind ein Mensch, der sich zur Mittelklasse zählt. Sehr gut. Stehen Sie in Ihrem normalen Alltag am frühen Morgen auf und verbringen Sie zumindest ein paar Minuten, wenn möglich eine halbe oder eine ganze Stunde, mit Meditation. Selbst wenn Sie nicht die tiefere Bedeutung kennen, richten Sie Ihre Gedanken ganz einfach nach innen und versuchen Sie, einige Erfahrungen über die Natur des Geistes zu gewinnen. Diese Natur ist klares Licht. Versuchen Sie es, es wird Ihnen in dem Moment eine gewisse Entspannung und Erholung geben, und Sie werden auch mehr innere Ruhe gewinnen. Zudem trägt das nach innen gerichtete Denken, die nach innen gerichtete Meditation, dazu bei, Ihren Geist zu schärfen, und auf diesem Wege wird auch die Kraft Ihres Gedächtnisses gestärkt. [...] Bleiben Sie bei Ihrer Arbeit ein guter Mensch, ein ehrlicher Mensch. Hegen Sie keine Gefühle von Hass und Wut auf andere. Wenn jemand Ihnen gegenüber etwas falsch macht, dann können Sie durchaus in der richtigen Weise und im richtigen Maß reagieren, wie es den jeweiligen Umständen angemessen ist, ohne ihre Geduld, ihr Mitgefühl und ihren inneren Frieden zu verlieren. So zu handeln, ist besonders in der Wettbewerbsgesellschaft wichtig.

Dann, am Abend, gehen Sie nicht in den Nachtclub oder hierhin und dorthin, sondern bleiben Sie zu Hause, entspannen Sie sich, sehen Sie von Zeit zu Zeit in den Fernseher, hören Sie die Nachrichten, und wenn Sie es wirklich benötigen, nehmen Sie ein leichtes Getränk, vielleicht etwas Bier, zu sich. Nehmen Sie sich dann noch einmal etwas Zeit zur Meditation. Fragen Sie sich, was Sie an diesem Tag wirklich getan haben. Prüfen Sie, rechnen Sie nach. Oft rechnen Sie ihr Geld nach, wie viel Sie am Tag ausgegeben haben, wie viel Sie eingenommen haben, auch das ist wichtig; aber noch wichtiger ist, dass Sie die Taten des Tages nachrechnen, was Sie an falschen Dingen getan haben und was Sie an guten Dingen getan haben. Bekennen Sie sich Ihre schlechten Handlungen und bereuen Sie sie, freuen Sie sich über die guten Handlungen, und fassen Sie dabei den festen Entschluss, dass Sie auch in Zukunft weiter so handeln wollen. Dann legen Sie sich zum Schlafen, sehr ruhig – auch ohne Schlaftablette.

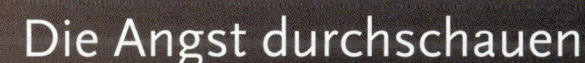

Die Angst durchschauen

Oft werden wir von einem plötzlichen Gedanken oder Gefühl überfallen, das sich – wenn wir es nicht beachten und ihm einfach nachgeben – verselbständigt und dann anfängt, uns zu beunruhigen. Wenn so etwas geschieht, muss man seine Fähigkeit zu vernünftigem Nachdenken einsetzen, um nicht unter die Herrschaft dieser Gedanken und Gefühle zu geraten. Wenn die Angst gute Gründe hat, ist sie natürlich in Ordnung. Sie veranlasst uns, vorsorgliche Maßnahmen zu treffen, das ist gut so! Wenn die Angst grundlos ist, sollten Sie analysierend über sie meditieren; dadurch wird sie sich verringern.

Menschenrecht – Glück

Fragt man, ob Menschen Rechte haben, so lautet die klare Antwort: Ja, es gibt Menschenrechte. Wie kommt es, dass Menschen Rechte haben? Menschenrechte beruhen auf der
Tatsache, dass unserem Bewusstsein eine Vorstellung vom Ich innewohnt; dieses Ich
wünscht Glück und möchte dem Leid entgehen. Der Wunsch nach Glück und das Ver-
meidenwollen von Leiden sind infolge des auf der relativen Existenzebene erscheinenden
Ich der eigentliche Grund dafür, dass es Menschenrechte gibt.
Wir kennen viele Ebenen des Glücks, nach dem wir alle streben, und des Leidens, dem
wir entgehen wollen. Viele Millionen Menschen in dieser Welt suchen nach einem Weg,
glücklich zu sein und das Leid zu überwinden, und betrachten dabei ihren Weg als die
beste Methode. Alle großen Entwürfe, Fünfjahrpläne und Zehnjahrpläne, gründen in
dem Wunsch nach Glück.

Ich komme aus einem winzigen Dorf und hatte im Alter von fünfzehn Jahren eine unvorstellbare Verantwortung zu übernehmen. Sie alle sollten sich deshalb von dem großen Potential überzeugen, das Sie besitzen, und wissen, dass Sie sich mit Selbstvertrauen und etwas mehr Bemühen wirklich ändern können, wenn Sie es nur wollen! Konzentrieren Sie sich weniger auf die negativen Seiten, wenn Ihnen Ihr Leben unerfreulich scheint oder wenn Sie Schwierigkeiten haben! Sehen Sie die positive Seite, sehen Sie das Potential, geben Sie sich Mühe! Dies allein schon garantiert Ihnen einen gewissen Erfolg. Wenn wir unsere ganze Energie und unsere Qualitäten als Menschen nutzen, können wir unsere Probleme überwinden.

Das eigene Potential entdecken

Ausschlaggebend für die Beziehung zu unseren Mitmenschen ist also unsere geistige Einstellung. Sie ist der Schlüssel zu unserem Glück und Wohlergehen. Dies gilt für alle, auch für die, die an nichts glauben, die einfach nur aufrechte menschliche Wesen sind. Auch für die, die gesund sind, ihren Wohlstand in der richtigen Weise nutzen und erfreuliche Beziehungen zu ihren Mitmenschen haben, gilt, dass der Ursprung unseres Glücks im Inneren liegt und nicht in diesen Dingen.

Eigentlich bin ich ein ganz glücklicher Mensch

Den größten Teil meines Lebens habe ich als Flüchtling außerhalb meines eigenen Landes verbracht. Viele Tibeter vertrauen mir, sie haben große Erwartungen, und meine Aufgabe und Verantwortung sind sehr groß. Es gab und gibt immer noch sehr viele Schwierigkeiten. Trotz zahlloser Bedrängnisse und Probleme über diesen ganzen Zeitraum hinweg scheint mir dennoch, dass, wenn ich meine Erfahrungen und Erlebnisse mit denen anderer vergleiche, ich eigentlich ein ganz glücklicher Mensch bin. Wenn mich schlechte Nachrichten erreichen, oder es geschieht etwas Schreckliches oder Tragisches, erlebe natürlich auch ich Momente der Angst, Traurigkeit und Entmutigung, die aber nicht lange andauern. Trotz der gegebenen Umstände bleibt mein Geist relativ stabil und ruhig. Für mich bedeutet das eine große Hilfe und trägt dazu bei, dass meine Intelligenz und Klugheit mich nicht im Stich lassen und ohne größere Störungen normal funktionieren, so dass ich mühelos ruhig schlafen kann. Und da meine geistige Verfassung vergleichsweise ausgeglichen ist, sind auch meine Gesundheit und Verdauung in Ordnung, was mir und meinem Leben insgesamt sehr nützt. [...]

Gleichgültig ob man gläubig ist oder nicht, durch eine entsprechende Praxis kann man seine innere geistige Haltung und Einstellung zu Dingen und Ereignissen ändern, was dazu führt, dass man ruhiger wird und mehr mit sich in Frieden und Einklang lebt, und damit ist man auch eher in der Lage, heikle und drängende Probleme, ja sogar komplizierteste Dinge zu meistern und zu bewältigen. [...] Es besteht demnach kein Zweifel, dass in den Familien, Städten und im internationalen Rahmen Probleme, die ihren Ursprung in menschlichen Handlungen haben, nicht auch wieder gemindert oder gar gänzlich gelöst werden können.

Der Zweck des Lebens

Was ist nun, erstens, der Lebenszweck eines Menschen? Ich meine, dass Glück der Lebenszweck ist. Ob sich ein Zweck hinter der Existenz des Universums oder der Galaxien verbirgt, weiß ich nicht. Tatsache ist jedenfalls, dass wir zusammen mit anderen Menschen uns hier auf diesem Planeten befinden. Weil nun jeder Mensch nach Glück strebt und Leid vermeiden möchte, ist klar, dass dieser Wunsch nicht aus einer Schulung oder irgendeiner Ideologie stammt. Er ist etwas Natürliches. Deshalb glaube ich, dass die Erlangung von Glück, Frieden und Freude der Zweck des Lebens ist. Darum muss man unbedingt untersuchen, worin Glück und Befriedigung bestehen und was ihre Ursachen sind. [...]
Ich glaube nun, dass Mitgefühl und Liebe notwendig sind, damit wir Glück oder Gelassenheit erlangen. Diese geistigen Faktoren sind der Schlüssel. Ich glaube, dass sie die grundlegende Quelle sind. Was ist Mitgefühl oder Mitleiden? Aus buddhistischer Sicht gibt es verschiedene Arten von Mitleid. Die Grundbedeutung ist nicht einfach ein Gefühl der Verbundenheit oder einfach ein Gefühl des Bedauerns. Ich glaube vielmehr, dass wir bei echtem Mitleid nicht nur den Schmerz und das Leid anderer fühlen, sondern auch die Entschlossenheit empfinden, dieses Leiden zu überwinden.

Glückseligkeit im Leben

In unserer heutigen Welt sehen wir uns einer Vielzahl von Problemen gegenüber. Einige sind naturgegebene Katastrophen, die wir akzeptieren müssen und mit denen wir, so gut es geht, umgehen sollen. Aber einige andere Probleme sind durch unser eigenes Fehlverhalten und unsere schlechten Vorsätze entstanden – Dinge, die wir eigentlich vermeiden können. Eines dieser gravierenden Probleme ergibt sich aus ideologischen und religiösen Konflikten, in denen Menschen einander bekämpfen und dabei die von allen Menschen geteilten Wünsche und Ziele völlig aus dem Blick verlieren. All die unterschiedlichen Glaubensrichtungen, ideologischen und politischen Systeme stellen nur unterschiedliche Weisen dar, ein Ziel zu erreichen, nämlich: Glückseligkeit im Leben. Deshalb sollten wir niemals Mittel über Zwecke oder Ziele stellen: Der Mensch muss über dem Materiellen stehen – es darf das Menschliche nicht bestimmen.

Innere Gelassenheit und Ruhe

[Eine] Voraussetzung für Glück und Zufriedenheit sind gute zwischenmenschliche Beziehungen. Es ist leicht einzusehen, dass innere Gelassenheit und Ruhe uns aufgeschlossen und fair machen.
Übrigens: Würde dieser Vierzehnte Dalai Lama weniger lächeln, hätte er bestimmt weniger Freunde. Ich begegne anderen stets auf der Ebene von Mensch zu Mensch. Auf dieser Ebene gibt es zwischen Präsident, Königin und Bettler keinen Unterschied. Echtes Gefühl ist wichtiger als Status. Ich bin nur ein einfaches menschliches Wesen, das durch seine Erfahrung und geistige Disziplin eine in gewisser Weise neue Einstellung entwickeln konnte. Dies ist nichts Besonderes. Sie, die Sie bestimmt eine bessere Erziehung und mehr Erfahrung haben als ich, haben ein größeres Potential, sich innerlich zu wandeln.

TEXTNACHWEIS

Den hier genannten Verlagen, aus deren Werken die Texte dieses Buches
ausgewählt wurden, danken wir für ihre freundliche Abdruckerlaubnis.
Die jeweils am Ende der Quellen angegebenen Seiten verweisen auf den Stand
der Texte in diesem Buch:

DER FRIEDE
Dalai Lama, Der Friede beginnt in dir – Wie innere Haltung nach außen wirkt.
Lizenzausgabe des Scherz Verlags. Herder spektrum Bd. 5128, Verlag Herder,
Freiburg i. Br. ⁷2002 (hier: S. 24, 29).

DER PFAD
Dalai Lama, Der Pfad des Glücks – Erfülltes Leben durch Bewusstseins-
änderung.
Deutsche Erstausgabe. Herder spektrum, Bd. 4988, Verlag Herder,
Freiburg i. Br. ²2003 (hier: S. 10f, 14, 16f, 18f, 31, 86ff).

EINKLANG
Dalai Lama XIV., Im Einklang mit der Welt – Der Friedensnobelpreisträger
im Gespräch.
© Gustav Lübbe Verlag, Bergisch Gladbach 1993 (hier: S. 64f, 68f).

GÜTE
Dalai Lama, Eine Politik der Güte – Schriften von und über das religiöse
und politische Oberhaupt des tibetischen Volkes. Herausgegeben von
Sidney Piburn.
© Patmos Verlag GmbH Co. KG, Düsseldorf 2004 (hier: S. 15, 48, 51, 62f, 91).

HERZ
Dalai Lama, Das Herz aller Religionen ist eins – Die Lehre Jesu aus
buddhistischer Sicht.
Copyright © 1997 by Hoffmann und Campe Verlag, Hamburg (hier: S. 12,
23, 73, 74).

LOGIK
Dalai Lama XIV., Logik der Liebe – Aus den Lehren des Tibetischen
Buddhismus für den Westen.
© 1998 Dalai Lama, Logik der Liebe, deutschsprachige Ausgabe erschienen
im Wilhelm Goldmann Verlag, München, einem Unternehmen der Verlags-
gruppe Random House GmbH.

MIT DEM HERZEN DENKEN
Dalai Lama, Mit dem Herzen denken – Mitgefühl und Intelligenz sind die
Basis menschlichen Miteinanders.
© Scherz Verlag, Bern, München, Wien für den O. W. Barth Verlag,
Bern 1997. Alle Rechte vorbehalten S. Fischer Verlag GmbH, Frankfurt
am Main (hier: S. 34f, 38, 41, 53, 56f, 81, 84f, 93).

MITGEFÜHL UND WEISHEIT
Dalai Lama, Mitgefühl und Weisheit – Ein großer Mensch im Gespräch mit
Felizitas von Schönborn.
Herder spektrum, Bd. 4288, Verlag Herder, Freiburg ²1994
(hier: S. 42f, 44f, 46f).

TAG FÜR TAG
Dalai Lama, Tag für Tag zur Mitte finden – Lesebuch durch das Jahr.
Herder spektrum, Bd. 5236, Verlag Herder, Freiburg i. Br. ⁴2003 (mit Einzel-
quellenhinweise; hier: S. 13, 26f, 33, 36f, 39, 54f, 58f, 66f, 71, 76f, 92).

YOGA
Dalai Lama XIV., Yoga des Geistes.
© dharma edition, Tibetisches Zentrum Hamburg ³1999
(hier: S. 20f, 32, 70, 78ff).

WEG
Dalai Lama XIV., Ein menschlicher Weg zum Weltfrieden.
Diamant Verlag, Arnstorf ³1991 (hier: S. 9).

WEGE ZU GOTT
Dalai Lama, Wege zu Gott – Leben aus der Liebe, Benjamin Shield/Richard
Carlson (Hrsg.), © Verlag Alf Lüchow, Stuttgart 1991 (hier: 61).